Max Jaffé

**Die nationale Wiedergeburt der Juden**

Max Jaffé

**Die nationale Wiedergeburt der Juden**

ISBN/EAN: 9783743375758

Hergestellt in Europa, USA, Kanada, Australien, Japan

Cover: Foto ©Suzi / pixelio.de

Manufactured and distributed by brebook publishing software (www.brebook.com)

Max Jaffé

**Die nationale Wiedergeburt der Juden**

# Die nationale Wiedergeburt der Juden.

Eine volkswirtschaftliche Studie

von

Max Jaffé.

Berlin SW. 12.
Verlag von Hugo Steinitz.
1897.

# Inhalt.

|  | Seite |
|---|---|
| Geschichtliches als Einleitung | 5 |
| Folgerungen aus den statistischen Daten | 13 |
| Die wirtschaftliche Machtstellung der Juden | 15 |
| Der Nationalstaat | 20 |
| Wie stellt sich die Welt zu Dr. Herzl's Plänen? | 21 |
| Die Zionistischen Kolonisationsbestrebungen | 25 |
| Nächstenliebe und Weltbürgertum | 27 |
| Die geographische Lage des Nationalstaates | 33 |
| Die Organisation des neuen Staates | 36 |
| Allgemeine Betrachtungen | 39 |
| Einwendungen und Bedenken | 46 |
| Schlußwort | 53 |

## Geschichtliches als Einleitung.

Die vielfachen Fragen, welche die Welt in Atem halten, haben sich in neuerer Zeit um eine vermehrt, und zwar eine solche, welche man längst abgethan glaubte, die Judenfrage. Da es nun, sowohl unter den Juden als unter den Christen, Viele giebt, welche es nicht für wahr haben möchten, daß heute am Ende des 19. Jahrhunderts eine Judenfrage bestehe, so sei es mir gestattet, auf einige geschichtliche Ereignisse und Zustände hinzuweisen, welche hier in Betracht kommen, um an der Hand derselben zu erörtern, wie die Judenfrage entstanden und wie es kommen mochte, daß sie aus dem Scheintode wieder zum Leben erwacht ist.

Nach dem wechselvollen Schicksale, welches das Volk der Juden betroffen, während es noch in Palästina seinen Wohnsitz hatte, bereitete die Einnahme Jerusalems*) und die Zerstörung des Tempels durch Titus jene Epoche in der Geschichte

---

*) 70 nach Chr.

der Juden vor, welche heute noch besteht, die Zerstreuung über alle Lande, zunächst die Länder der alten Welt. Diejenigen Juden, welche sich den benachbarten Gebieten Asiens und Afrikas zugewandt hatten, dürften teilweise von den Völkern, welche jene Distrikte bewohnten, aufgesogen worden sein, wenigstens sind sie zu keiner numerischen Bedeutung gelangt. Anders aber verhielt es sich in Europa; hier drangen sie nach und nach in alle Länder ein, ohne sich mit den Eingeborenen zu mischen. Selbst die Völkerwanderung, welche Europa ein völlig verändertes Aussehen gab, indem die eindringenden Massen sich mit den seßhaften Völkern mischten und neue Völkergruppen bildeten, änderte nichts an dieser Thatsache. Die Juden blieben für sich, und wie sie ihre Rasse rein erhielten, geschah es in gleicher Weise mit ihrem Kultus und ihren Lebensgewohnheiten. Dieses sich Abschließen wurde von den Völkern, unter welchen sie lebten, als willkommener Anlaß zu ihrer Anfeindung begrüßt; hier, auf europäischem Boden, entstand im Mittelalter der Judenhaß, genauer gesagt, der Haß der inzwischen zum Christentume bekehrten Völker gegen die Juden; die Absonderung auf der einen, die Befehdung auf der andern Seite, erzeugten jenen Zustand dauernder Spannung, welchen man als die „Judenfrage" bezeichnet.

Die grausamsten Verfolgungen wurden in den verschiedenen Ländern und zu verschiedenen Zeiten gegen die Juden ins Werk gesetzt. Am schlimmsten ging es in dieser Beziehung während der Kreuzzüge her. Die Menschen waren damals, bei aller Frömmigkeit, welche sie zur Schau trugen, noch sehr roh. Der rohe Mensch aber ist stets lüstern nach einem Gegenstande, an welchem er seinen niederen Trieben Genüge thun kann, und lebende Wesen, zumal Menschen, sind ihm das willkommenste Substrat.

Um das Verhältnis zwischen den christlichen Völkern in Europa und den Juden, wie es im Mittelalter bestand, zu kennzeichnen, möchte ich an ein bekanntes Gemälde erinnern. Dasselbe stellt einen Krieger dar, welcher, von einer Plünderung kommend, hoch zu Roß daherstürmt, in der rechten Hand erbeutetes Wild. Wer das Gemälde ein Mal gesehen, wird den Ausdruck, welchen der Maler dem Antlitz des Räubers zu geben wußte, nie vergessen können. Ein gieriges Vergnügen prägt sich darin aus, die triumphierende Gewißheit, daß ihn, den glücklichen Besitzer, Niemand in der Lust, welche ihm der Erfolg seines Raubzuges bereitet, stören wird; die Augen treten weit hervor, die Pupillen sind eng zusammengezogen, die halb geöffneten, schwülstigen Lippen lassen die fletschenden Zähne erblicken. Man ersetze das geraubte

Wild durch einen armen Juden, welchen der Krieger herbeizerrt, und man hat das getreue Abbild des Verhältnisses, wie es, zum größten Teile wenigstens, damals zwischen Christen und Juden bestand. Der Maler, welcher das Bild in dieser veränderten Anordnung malen wollte, würde unter den heutigen Antisemiten manche geeignete Modelle für den beutefrohen Krieger finden; der eine oder der andere unter ihnen würde es mit seiner Bildung und Menschenliebe sicher für vereinbar halten, wenn die Schauerthaten, welche man im Mittelalter ungestraft an Juden verüben durfte, heute wieder aufgefrischt würden.

In deutschen Landen waren die Juden des Kaisers „Kammerknechte", so genannt, weil sie dem Kaiser für den Schutz, welchen er ihnen angedeihen ließ, Abgaben zu entrichten hatten; ein Schutz, welcher indessen nicht hinderte, daß Fürsten und Volk die Juden gelegentlich brandschatzten, wenn eben Geld benötigt wurde. In ihre Judenviertel eingepfercht, war ihnen in der Mehrzahl der Ortschaften das Ausüben eines ehrenhaften Berufs versagt; das Betreiben des Handels in seiner niedersten Form bildete für die Meisten unter den Juden den einzigen Ausweg, ihre Existenz zu fristen. Die lächerlichsten, elendesten Beschuldigungen wurden unerwiesen und ungestraft gegen sie erhoben, und in wie dicken

Farben aufgetragen wurde, kann man daraus entnehmen, daß selbe auf krause Köpfe heute noch abfärben. Im Gefolge jener Anschuldigungen setzte es fast regelmäßig furchtbare Metzeleien in den Judenvierteln ab. Nicht genug damit, wurden die Juden bald aus dem einen, bald aus dem andern Lande verjagt, ein wahres Kesseltreiben! Und bei alledem wuchs nur die zähe Ausdauer dieses Volkes, in welcher es sich gestärkt fühlte durch die Hoffnung auf dereinstige Wiederaufrichtung seines nationalen Gemeinwesens.

Mit dem freieren Geiste, welcher von Süden her durch die Renaissance, von Norden her durch die Kirchen=Reformation, über Europa wehte, besserte sich das Schicksal der Juden; immerhin aber kamen noch viele arge Verfolgungen und Grausamkeiten gegen sie vor. Erst gegen Ende des vorigen Jahrhunderts, bezeichnend genug gleichzeitig mit dem Aufhören der Hexenprozesse, begann das Werk der Judenemanzipation, d. h. ihrer bürgerlichen Gleichstellung mit den Bewohnern der Länder, in welchen sie lebten. In den meisten konstitutionell regierten Staaten Europas ist heute, nach Verlauf von mehr als 100 Jahren, die Gleichberechtigung der Juden eine vollendete, gesetzlich sanktionierte Thatsache.

Diejenigen Fürsten, Staatsmänner und Menschenfreunde, welche die Emanzipation der

Juden angeregt und ins Werk gesetzt, mögen sich wohl der Hoffnung hingegeben haben, daß die politische und gesellschaftliche Gleichstellung zum Aufgehen der Juden unter den christlichen Völkerschaften, und, somit zur Beendigung der Judenfrage, führen werde, allein diese Erwartung erfüllte sich nicht; die Zahl der Mischehen ist eine so geringe, daß sie gar nicht in Betracht kommt. Die gegenseitige Abneigung bestand und besteht fort; ja es hat den Anschein, als ob sie auf Seiten der Juden besonders stark ausgeprägt sei, was wohl daher rühren mag, daß im Mittelalter nur gar zu oft Christen, welche diesen Namen nicht verdienten, die Religion als Deckmantel für ihre wahnverblendeten Gräuel benutzten, und Priester ihren Segen dazu gaben, sodaß die Verfolgten die Empfindung davontragen mußten, das Christentum selbst sei es, welches ihnen feindlich gegenüberstehe, eine Empfindung, welche sich bis auf den heutigen Tag bei vielen Juden erhalten hat. Als Beispiel dafür, wie tief die Abneigung bei den Juden wurzelt, mag folgendes dienen: vor etlichen zwanzig Jahren wurde in der Hauptstadt Oesterreichs der neue Zentral-Friedhof errichtet. Die Gemeinde Wien beabsichtigte, daß keine Trennung der Gräber nach Konfessionen stattfinde; alle Menschen, welche Gott aus diesem Leben abberufe, sollten friedlich nebeneinander in der Erde ruhen. Die christliche Bevölkerung war's zufrieden, an dem Widerstand der Juden aber scheiterte diese gewiß humane, des Jahrhunderts der Aufklärung würdige Absicht. Man kann sich die Weigerung der Juden nur so erklären, daß der ganze Groll wieder in ihnen lebendig wurde, welchen die Erinnerung an jene Verfolgungen wachrief, die ihre Vorväter erdulden mußten; selbst nicht im Tode wollten sie mit den Nachkommen ihrer Peiniger vereint sein. Und einen Antisemitismus, das politische Glaubensbekenntnis einer geschlossenen Partei, welche es auf die Zurückdrängung der Juden aus der ihnen gesetzlich gewährten Gleichberechtigung abgesehen hat, gab es damals noch nicht; die Epoche desselben brach erst einige Jahre später an. Die Tendenz des Antisemitismus basiert auf der vorgefaßten Meinung, daß die Juden, weil sie trotz Gleichstellung fortfahren, sich in Religion sowie in mancherlei Lebensgewohnheiten und Bräuchen abzusondern, minder gute Patrioten seien, als ihre christlichen Mitbürger. Es ist das alte Lied: was man wünscht, glaubt man gern; man möchte den Juden allerwegen etwas anhängen, und was man nicht findet, je nun, das erfindet man. Die Juden der Vaterlandslosigkeit zu zeihen, ist reiner Mutwille. Schon durch ihr inniges Familienleben, eine Frucht der unaufhörlichen Verfolgungen, bekunden sie sich als tüchtige Staatsbürger. Aber abgesehen davon, haben sie, einmal zur politischen Freiheit erhoben, in Wort und That, mit Gut und Blut als patriotisch und treu in den verschiedenen Staaten sich erwiesen. Namentlich gilt dies in deutschen Landen; in den ersten Reihen fanden und finden wir hier Juden als ebenso mutige, wie sachkundige Streiter im Kampfe für Recht, Freiheit und allgemeine Wohlfahrt, für Ruhm und Größe des Vaterlandes, sowie für alle hohen und idealen Güter der Menschheit; sie haben als Dichter und Denker, Politiker, Gelehrte, Musiker, Bühnenkünstler hervorragenden Anteil am Ausbau, insbesondere der deutschen Kultur. Ja, man kann wohl sagen, daß die eigenartige Vielseitigkeit, wie sie das deutsche Geistesleben zeigt, nur unter der Mitarbeiterschaft der vielen, geistig hochbegabten deutschen Juden erstehen konnte. Und dennoch sehen wir gerade in denjenigen Landen, deren geistiges Leben vom deutschen Genius beherrscht wird, die Feindschaft gegen die Juden am heftigsten entbrannt; sie ist vorhanden und läßt sich weder wegdisputieren, noch wegphilosophieren, wie es heute noch viele Menschenfreunde für möglich halten. Auch täuscht man sich darin, wenn man annimmt, daß das Wiederaufflammen des Judenhasses von heute der Hauptsache nach in der Verschiedenheit der Rasse und der Religion zu suchen sei; diese beiden Dinge haben nur den geringeren Anteil an der gegen die Juden gerichteten Bewegung. Man blicke nur auf andere Zwistigkeiten. Wenn in Südfrankreich und Brasilien gelegentlich die Erbitterung gegen die Italiener, in den Vereinigten Staaten von Nordamerika im Westen gegen die Chinesen, im Osten gegen die Iren, sich Luft macht, so sucht man vergeblich den Anlaß dazu in der Verschiedenheit der Rasse und der Religion. Hier wie dort sind es wirtschaftliche Interessen, welche zum Kampfe reizen; diese drängen sich eben heutzutage überall an die Oberfläche, sie bilden den Schlachtruf der Völker. Die Judenfrage, wie sie sich heute darstellt, ist vorwiegend wirtschaftlicher Natur, wie wir später eingehender ausführen werden.

## Folgerungen aus den statistischen Daten.*)

Wenn man nun die Frage näher ins Auge fassen und die Möglichkeit ihrer Lösung erörtern will, so muß man sich vor allem vergegenwärtigen, in welchem Verhältnisse die jüdische Bevölkerung

---

*) Brockhaus' Conversationslexikon, neueste Ausgabe, entnommen, und mit dem Gotha'schen Almanach verglichen.

in den verschiedenen Weltteilen und Ländern auf
der Erdoberfläche verteilt ist. Auf diese Weise
werden wir gar bald erkennen, daß und weshalb
der Judenhaß nicht in der ganzen Welt besteht, wie
manche glauben, sondern daß er auf einem zwar
großen, im Verhältnis zur ganzen Erdoberfläche
aber kleinen, engumgrenzten Gebiete zu Hause ist.

Man schätzt die Gesammtzahl der Juden auf
etwa $7^1/_2$ Millionen. Davon entfällt auf Asien,
Afrika, Amerika und Australien etwas mehr als
1 Million, beiläufig $1/_7$ der gesammten Zahl. In
diesen vier Weltteilen besteht kein eigentlicher
Judenhaß, keine Judenfrage; sie besteht nur in
Europa, welches mit etwa $6^1/_2$ Millionen $6/_7$ der
gesammten Juden des Erdballs beherbergt. Aber
selbst in Europa ist der Judenhaß keineswegs
überall vorhanden; auch hier giebt uns die Ver=
teilung der Juden in den verschiedenen Staaten
den erwünschten Aufschluß. In England, Frank=
reich, Italien, Spanien, Portugal, Türkei, Schwe=
den und Norwegen, Belgien, Holland, Schweiz,
Dänemark, Griechenland, Serbien, Bulgarien und
Luxemburg wohnen zusammen ca. 400,000 Juden;
auf Rußland, das Deutsche Reich, Oesterreich=
Ungarn und Rumänien entfällt die überwiegend
größere Zahl, etwa 6,1 Million. In den erst=
genannten 15 Staaten existiert keine Judenfrage,
sie beschränkt sich auf die letzteren vier Staaten.

Sie bildet eine Frage für Mitteleuropa, indem die mehr als 3 Millionen Juden Rußlands fast sämmtlich die westlichen Provinzen dieses Reiches bewohnen. Wir sehen mithin, daß die Judenfrage nur dort herrscht, wo die jüdische Bevölkerung eine dichtere ist, und zwar beträgt sie in jenen Staaten durchschnittlich etwa 5 Prozent. Indessen auch in diesen Reichen dürfte kaum die Judenfrage mit erneuter Vehemenz in den Vordergrund getreten sein, wenn nicht die wirtschaftliche Macht, welche Juden in diesen Staaten innehaben, über das numerische Verhältnis, in welchem die jüdische Bevölkerung zu der christlichen steht, weit hinausgewachsen wäre. Dieses rapide wirtschaftliche Wachstum erklärt sich auf folgende Weise.

## Die wirtschaftliche Machtstellung der Juden.

Die Juden sind keineswegs von Hause aus ein Handelsvolk, als welches sie sich heute dem oberflächlichen Blicke darstellen; dazu wurden sie von ihren Bedrängern gemacht. In den Besitz der bürgerlichen Rechte gelangt, würden sie mit Freuden alle verschiedenen Erwerbszweige ergriffen haben, auch den Ackerbau. Allein der Erwerb von Grund und Boden war ihnen versagt, zu Amt und Würden ließ man sie nur ungern zu, in technischer und gewerblicher Thätigkeit fehlte ihnen die erforderliche Uebung; was blieb der Mehrzahl andres übrig, als den kleinen Handel, wie ihn die unter Druck gestandenen Vorfahren ausgeübt, weiter auszubreiten? Als Handelsleute, sowie als Unternehmer in großem Style erreichten sie wunderbare Erfolge. Hinc illae lacrimae, daher das Gejammer und Gezeter der Antisemiten. Davon wollen sie nichts wissen, daß es ihre eigenen Vorfahren waren, welche die Väter der heutigen Juden zu dem erzogen haben, was diese letzteren geworden, treffliche Geschäftsleute, welche sich auf ihren Vorteil verstehen. Hier kommt noch den Juden eine Eigenschaft ihrer Rasse zu statten, die Beweglichkeit ihres Geistes, welche es ihnen ermöglicht, den günstigen Augenblick besser zu nützen, als ihre christlichen handeltreibenden Brüder es im Stande sind. Frau Fortuna ist ein mit verführerischen Reizen ausgestattetes Weib, welches seine Gunst am liebsten demjenigen verleiht, welcher ihr am besten den Hof macht, und daß dies die Juden ausgezeichnet verstehen, wird Niemand bestreiten. Was ist natürlicher, als daß das Kapital und der wirtschaftliche Einfluß auf Seiten der Juden sich in kurzer Zeit vermehrt hat? Nun steht aber bekanntlich auf Erden Nichts still, Alles geht den Weg der Entwicklung, mithin ist es selbstverständlich, daß die wirtschaftliche Macht auf

Seiten der Juden in Mitteleuropa in stetem Steigen begriffen ist. Es wird dies um so mehr der Fall sein, als die antisemitische Strömung es zu Wege gebracht hat, daß in neuerer Zeit den Juden wiederum der Zutritt zum Beamten- und Lehrerstande erschwert wird.

Die sehr rührige politische Partei der Socialdemokraten hat zwei Punkte auf ihrem Programm, gegen deren Erfüllung an und für sich gar nichts sich einwenden läßt, die Unentgeltlichkeit der Rechtspflege und des Rechtsbeistandes, sowie die Unentgeltlichkeit der ärztlichen Hilfeleistung. Nehmen wir an, diese zwei Punkte würden zum Gesetz erhoben, mithin die Advokaten und Aerzte in die Staatsbeamtenschaft übergehen, so würden die Juden auch aus diesen zwei Berufsklassen, welchen sie zur Zierde gereichen, verdrängt werden. Damit ginge dann eine große Anzahl hochintelligenter Kräfte in die Kategorie der geschäftlichen Unternehmer über und das Anwachsen der wirtschaftlichen Macht auf Seiten der Juden würde in potenzierter Weise von statten gehen. Somit können selbst die Bestrebungen dieser Partei, welcher nichts ferner liegt als der Judenhaß, dazu beitragen, die Judenfrage zu verschärfen.

Vom Standpunkte allgemeiner wirtschaftlicher Wohlfahrt läßt sich somit die Judenfrage folgendermaßen präzisieren: in den Händen einer, übrigens verhältnismäßig geringen Anzahl von Juden hat sich eine übergroße Kapitalsmacht angehäuft; diese großen Geldmassen beeinflussen unter Beihilfe der abermals zum großen Teile in Händen der Juden befindlichen Tagespresse den Gang der Handels-Geschäfte, und nicht nur diesen, sondern nicht selten auch den Gang der Staats-Geschäfte. Nicht allein die christliche Bevölkerung, auch die weitaus größere Zahl der Juden, welche mäßig bemittelt oder unbemittelt ist, leidet unter jener wachsenden Übermacht des jüdischen Kapitals; wäre es da nicht im Interesse der allgemeinen Wohlfahrt gelegen, die Entwicklung würde in andere Bahnen gelenkt?

Der Jahrhunderte alte Traum der Völker Österreich-Ungarns, den mächtigen Donaustrom in einem Teile seines unteren Laufes, in welchem er, den Schiffern ein Feind, über unheimliche Felsenriffe wild dahinbrauste, so zu regulieren, daß er, von Baiern bis zum schwarzen Meere, die reichbeladenen Schiffe ungefährdet auf seinem Rücken trage, dieser Traum wurde durch Zusammenfassen vieler Kräfte vor kurzem verwirklicht; sollte da nicht auch das Riesenwerk ausführbar sein, den mächtigen Goldstrom jüdischen Kapitals so zu lenken, daß er dem eigenen Volke, wie auch den anderen Völkern zu dauerndem Segen gereiche? Das wäre fürwahr eine Aufgabe, würdig unserer Zeit, in welcher allerorten die Geister sich rühren, um an der gesunden und friedlichen Fortentwicklung des Volkswohls zu wirken und zu schaffen.

Mit dem Wachsen der wirtschaftlichen Macht auf Seiten der Juden wird der Antisemitismus stets weitere Kreise ziehen. Das wäre nun an sich nicht so schlimm. Es ist zwar nichts angenehmes für die Juden, sich auf Schritt und Tritt in thörichter, roher Weise beschimpft zu sehen, wie dies heutzutage, offen und versteckt, von den meisten Klassen der christlichen Bevölkerung geschieht; irgendwelche ernste Konsequenzen sind jedoch nicht zu befürchten: die Regierungen derjenigen Staaten, welche den Juden die bürgerliche Gleichstellung gaben, sind sich ihrer Pflichten gegen alle Bürger, gleichviel welcher Volksgattung und Konfession sie angehören, vollauf bewußt und werden die Rechte und die Ruhe eines jeden zu schützen wissen, schon aus dem einen Grunde, weil sie in allen ihren Handlungen der Volksvertretung gegenüber, also der Gesammtbevölkerung verantwortlich sind. Allein da ist Rußland mit seinen mehr als 3 Millionen Juden, welchen die Wohlthat der Gleichberechtigung bis jetzt nicht zu Teil ward, ein Land, welches nicht konstitutionell regiert wird, und in welchem die Juden in letzterer Zeit viel Drangsal und Verfolgung zu leiden hatten, welche sogar so weit gediehen, daß es bis zur Austreibung von vielen Tausenden und der Vernichtung ihrer Existenz kam. Es ist somit in diesem Reiche, dessen jeweilige Regierung sich vor keiner Volksvertretung zu verantworten hat, die stete Gefahr vorhanden, daß der Juden= haß zu einer unheimlichen Flamme geschürt werde, welche der jüdischen Bevölkerung des übrigen Europa verhängnisvoll werden könnte.

## Der Nationalstaat.

Wenn man nun erwägt, daß, abgesehen von den ungeheuer reichen Mitteln, über welche die 6 Millionen Juden Mitteleuropas in ihrer Ge= sammtheit verfügen, eine Fülle von Arbeitskraft, Tüchtigkeit auf fast allen Gebieten menschlichen Wissens und Könnens, eine Fülle von Unter= nehmungsgeist, politischer und volkswirtschaft= licher Klugheit unter ihnen zu Hause ist, so er= giebt sich wie von selbst die Schlußfolgerung, ob es denn jetzt nicht an der Zeit wäre, daß die Juden, mutig und entschlossen, an die Verwirk= lichung dessen schreiten, was die Altgläubigen unter ihnen in ihren täglichen Gebeten auch heute noch erflehen, die Vereinigung der zer=

streuten Elemente zu einem geschlossenen, selbstständigen Gemeinwesen.

Der Gedanke, einen jüdischen Nationalstaat zu schaffen, wurde, nach früheren ähnlichen Anläufen, in neuester Zeit von Dr. Theodor Herzl in Wien wieder aufgegriffen, und zwar in seiner Schrift: „Der Judenstaat". Der Verfasser bekundet sich mit dieser Schrift als ein gründlicher Kenner der gegenwärtig herrschenden gesellschaftlichen und politischen Verhältnisse, sowie als ein nicht minder genauer Kenner seiner Volksgenossen in den verschiedenen Ständen. Seine Deductionen sind mit zwingender Logik geführt; das System, welches er für die Durchführung der Idee aufbaute, steht kräftig und plastisch da, wie aus Stein gemeißelt. Ein Jeder, welcher fortan, hüben oder drüben, sich mit der Judenfrage ernstlich beschäftigen will, wird sich mit Herzl auseinandersetzen müssen.

## Wie stellt sich die Welt zu Dr. Herzls' Plänen?

In seiner Schrift sagt Herzl, daß er mit der Abfassung derselben seine Thätigkeit in dieser Angelegenheit als abgeschlossen betrachte. Dieser Ausspruch des Autors erscheint mir als der Ausfluß seiner Bescheidenheit, indem er die Ausführung seiner Idee anderen Männern überläßt, welche nach seiner Meinung bessere Eignung dazu besitzen. Ich bin jedoch der Ansicht, daß ein Mann, welcher diese Frage so gründlich erfaßt hat und den seine Studien und Beobachtungen zu einem Ergebnis führten, welches eine große Bewegung bedeutet, sich dieser selbst nicht entziehen kann, nicht entziehen darf. Wenn die Bewegung in Fluß kommen soll, und darauf hat es ja der Verfasser abgesehen, dann erfordert sie die kräftige Mitwirkung aller derjenigen, welche mit Herzl im Einklang stehen, vor allem aber die Mitwirkung dessen, welcher zu der Bewegung den Anstoß gegeben. Das hat übrigens Herzl bereits empfunden. Er hat in London über diese Angelegenheit öffentliche Vorträge gehalten und wurden dieselben von Juden und Christen mit gleicher Begeisterung aufgenommen. Nun besteht in England mit seiner verhältnismäßig geringen Anzahl von jüdischen Bewohnern weder Judenfrage, noch Judenhaß. Es herrscht dort keine Spannung zwischen Christen und Juden, vielmehr wird ihnen, zumal von Seiten der Geistlichkeit, großes Wohlwollen entgegengebracht. Daß dennoch die von Herzl geschaffene Bewegung in diesem Lande so große Teilnahme wachgerufen, spricht für die politische Reife und den Weitblick der dortigen Bevölkerung. — Auch von anderen

Seiten sind dem tapferen Vorkämpfer für eine gedeihliche Entwicklung seines Volkes zahlreiche beistimmende und aufmunternde Kundgebungen zugekommen.

Von einer ausgesprochenen Stellungnahme zu Herzl's Plänen wird man erst dann sprechen können, wenn in Österreich-Ungarn und dem Deutschen Reiche zahlreiche Stimmen sich regen werden, indem diese beiden Staaten die weitaus größte Zahl derjenigen Juden beherbergen, welche durch Intelligenz und Wissen hervorragen. Bis jetzt ist es jedoch hier noch ziemlich stille. Es ist, als hörte man die stillschweigend ausgegebene Parole: quieta non movere; ein Ruf, den man wohl auf Herzl selbst gern angewendet wissen möchte. Manche jüdische Schriftsteller bekämpfen die Pläne Herzl's, jedoch nicht mit den richtigen Waffen. Wer den Kampf mit Herzl aufnehmen will, möge sich gegenwärtig halten, daß dies nur demjenigen zukomme, welcher sich mit gleichem Ernst und Eifer, mit gleicher Liebe wie Herzl, dem Studium der Judenfrage und der Sorge um das Wohl der Volksgenossen hingegeben.

An dieser Stelle sehen wir uns veranlaßt, uns wieder ein wenig mit den Antisemiten zu beschäftigen, welche in letzterer Zeit, namentlich in Österreich, sich so stark vermehrten, daß sie in Wien bereits in zwei Vertretungskörpern, dem

Gemeinderat, und dem Landtag von Nieder=
österreich, die Mehrheit der Stimmen erkämpft
haben. Wären die Antisemiten das, wofür sie
sich ausgeben, so wären gerade sie dazu berufen,
sich mit Herzls Plänen ernstlich zu befassen. Was
sind das für Volksfreunde, welche für 2 Millionen
Staatsbürger nichts besseres zu ersinnen wissen,
als daß man die ihnen verfassungsmäßig zuge=
standenen Rechte ihnen wieder nehme, oder gar
wünschen, daß man sie, welche ihren redlichen
Anteil haben an dem allgemeinen geistigen, poli=
tischen und wirtschaftlichen Fortschritt, über die
Grenzen des Reiches treibe, ohne sich um ihr
ferneres Wohl und Wehe zu kümmern?

Einer besonderen Spezies müssen wir hier
noch gedenken, es sind die Geistlichen unter den
Antisemiten, denen man in neuerer Zeit häufig
begegnet, und deren manche eine sehr ausgiebige
agitatorische Thätigkeit entfalten. Man muß
sagen, daß der Antisemitismus dieser Herren in
einer wunderlichen Haut steckt. An und für sich ist
der Antisemitismus bei einem christlichen Geist=
lichen unverständlich; er, der in der einen Hand
das alte, in der andern das neue Testament
hält, er der die Erzväter und Propheten den
Juden gleich hoch und heilig hält, er der es doch
studiert hat und genau weiß, daß das Christen=
tum aus dem Judentum geboren, er hebt die

Faust und reizt zum Kampfe gegen jenes Volk, welches heute noch den sichtbaren Träger der alten Offenbarungen und Überlieferungen bildet. Es giebt dafür nur Eine Erklärung: wenn der christliche Geistliche ein Antisemit wird, so geschieht es, weil er sich nicht sowohl als Geistlicher über den Menschen fühlt, sondern als Mensch unter den Menschen, und von dem Strudel, welchen die wirtschaftliche Seite der Judenfrage erzeugt, fortgerissen wird.

## Die Zionistischen Kolonisationsbestrebungen.

Gegenüber dem mehr oder weniger wilden Kampfgeschrei der Antisemiten ist es recht wohlthuend, auf ein Werk wahrer Nächstenliebe zu blicken, welches sich in aller Stille vollzieht. Es ist dies das Wirken jener Vereine, welche unter den Juden ganz Europas, insbesondere Rußlands, zahlreiche Anhänger gefunden. Die Bestrebungen dieser Vereine gehen dahin, armen und bedrückten Volksgenossen die Ansiedlung in Palästina und Syrien zu ermöglichen. Es werden Ländereien in jenen Distrikten angekauft und von Juden bebaut. Der Anfang wurde mit armen aus ihrer Heimat vertriebenen russischen Juden gemacht. Was die russische Regierung im eigenen Lande

mit geringem Erfolg versuchte, jüdische Ackerbau=
kolonien zu schaffen, das gelingt auf dem Boden,
welcher mit den alten Traditionen, der Erinnerung
an die einstige Herrlichkeit, in diesen Ärmsten die
die Freude am Dasein neu belebt. Mehrere
dieser Kolonien befinden sich bereits in blühendem
Zustande und widerlegen jenen Irrwahn, der
unter den Juden selbst stark verbreitet ist, daß
sie für den Stand des Ackerbürgers nicht die
rechte Eignung besitzen.

So schätzbar nun diese Kolonisationsbestre=
bungen auch sein mögen, so hat Herzl in seiner
Schrift richtig betont, daß Kolonisation ohne das
souveräne Besitzrecht an dem Lande, in welchem
die Ansiedlung stattfindet, immerhin bedenklich
sei. Weniger deshalb, weil, wie Herzl meint,
der Antisemitismus in diesen Ländern gefördert
werde, als weil die Ansiedler immerhin der Dis=
kretion derjenigen anheimgegeben sind, welche
über das Land, in welchem die Ansiedlung statt=
fand, das Herrschaftsrecht ausüben. Sehr richtig
sagt Herzl, es sei doch weit rationeller, mit
vereinten Kräften den Einheitsstaat anzustreben,
als in der Art und Weise, wie die Kolonisation
bisher betrieben wurde, die Kräfte zu zer=
splittern.

## Nächstenliebe und Weltbürgertum.

Eine große Anzahl von Männern und Frauen und zwar solchen, die auf einer hohen Stufe der Geistes- und Herzensbildung stehen, sind gegen die Lostrennung der Juden von den Völkern, unter welchen sie wohnen, somit auch gegen die Bildung eines jüdischen Nationalstaates. Nun sind alle diese guten und weisen Menschen von einer unleugbar großen Nächstenliebe und Milde erfüllt, allein mit Recht sagt Herzl: „Das Leben unsrer Enkel und Urenkel könnte vergehen, bis sich der Sinn auch der mittleren Menschen zur Milde so weit abklärt, daß die Gegnerschaft gegen die Juden aufhöre." Nach meiner Überzeugung müßte man im Absteigen nach Generationen noch viel weiter gehen. Diejenigen, deren Geist zur Milde sich durchgerungen, werden, bei noch so großer Anzahl, immer einen verschwindend kleinen Teil der Bevölkerung ausmachen. Auch ist hierbei zu berücksichtigen, daß ein großer Teil dieser edlen Menschen die wirtschaftlichen Fragen wohl aus der Theorie kennt, ihnen aber in der Wirklichkeit ferne steht, daher für die eminent wirtschaftliche Seite der Judenfrage nicht das richtige Verständnis haben kann. Diejenigen aber unter ihnen, welche mitten im wirtschaftlichen

Kampfe stehen, sind in ihrer großen Mehrzahl von den Theorien, welche ihr Ideal bilden, derart erfüllt, daß sie darüber die aktuelle Bedeutung, welche der wirtschaftlichen Seite der Judenfrage innewohnt, verkennen, sie nicht sehen, weil sie sie nicht sehen wollen.

Wenn man nach Überwindung aller Schwierigkeiten den Gipfel eines hohen Berges erreicht, die Brust sich weitet im ruhigen Einatmen der reineren Lüfte, das Auge voll Wonne des Anblicks der erhabenen Bergwelt sich erfreut, da weicht allgemach die Erdschwere, weltenfern scheint uns des Thales Dumpfheit; aus unserm Gedächtnis schwinden alle Schwierigkeiten, alle Hindernisse, welche wir zu überwinden hatten, um den Gipfel zu erreichen. Ganz ähnlich ergeht es den Menschen, welche nach den harten Kämpfen mit dem äußeren Leben, wie mit den eigenen Schwächen, zur Höhe des Menschentums gelangten. Da erscheint ihnen Alles, was sie in widrigen Lebenslagen durchgekämpft und was sie ihrem eigenen Ich abgerungen, als gering; und da sie es gering achten, kommen sie gar leicht zu dem Glauben, die ganze Menschheit könne es ihnen gleichthun. Das hierzu erforderliche Maß an sittlicher Kraft ist aber sehr selten und wird es stets sein; viele, die den Aufstieg wagen, bleiben auf halbem Wege zurück, es mangelt ihnen an dem sieghaften Mut, der sie zur Höhe geleite. Bei der weitaus größten Mehrzahl der Menschen aber ist es des täglichen Lebens Müh und Not, welche sie zwingt, in den Niederungen zu verharren; selbst der freie Ausblick in die reinen Höhen bleibt ihnen versagt.

Dieselben Menschen, welche wir auf der Menschheit Höhe fanden, bekämpfen die Idee der Bildung eines jüdischen Nationalstaates noch aus einem andern Grunde. So wie sie sich der Illusion hingeben, ein starkes Wollen genüge, um von Alters her eingewurzelte Rassen- und Klassenabstände verschwinden zu machen, so glauben sie auch, das Nationalgefühl aus der Welt schaffen zu können. Den Juden, meinen sie, einen Nationalstaat schaffen, das heiße, das Nationalitätsprinzip gängeln, während man doch bestrebt sein solle, die nationalen Gegensätze mehr und mehr verschwinden zu machen.

Ein solches Denken bedeutet aber einen Anachronismus. Das Bethätigen eines stark ausgeprägten Nationalgefühls ist heute an der Tagesordnung und wird es voraussichtlich noch lange Zeit bleiben. Um nicht mißverstanden zu werden, sei hiermit gesagt, daß ich unter Bethätigung des Nationalgefühls nicht etwa das Großthun der Angehörigen Einer Nation gegenüber den Angehörigen einer andern Nation verstehe. Das was ich meine, ist das kräftige Bestreben, die

idealen Schätze, welche Gesammtgut des Volkes
bilden, soviel als möglich sich zu eigen zu machen,
um ein immer würdigeres und nützlicheres Glied
der ganzen Kette zu werden. Mit andern Worten,
die eifrige Bethätigung des Nationalgefühls ist
ein vortreffliches Erziehungsmittel, dessen wir
heute noch nicht entraten können. Wenn es
Menschen giebt, welche man im guten Sinne als
Weltbürger bezeichnen kann, so sind dies Aus=
nahmsmenschen und wir werden bei diesen auch
allemal finden, daß sie mit dem geistigen und
seelischen Bildungsstoff ihrer Nation gesättigt
sind und sich dadurch das Anrecht auf freieren
Ausblick in das allgemeine Menschentum erworben
haben. Einem solchen Können steht die weitaus
größere Zahl der Menschen, selbst unter den
civilisierten Völkern, noch sehr fern. Dasjenige,
was vornehmlich den erziehlichen Schatz einer
Nation ausmacht, sind die Werke seiner Dichter
und Denker und erst, wenn die Angehörigen
eines Volkes jene Schätze voll und ganz in ihr
geistiges Eigentum aufgenommen, ihre Dichter
und Denker aber ihnen nichts Neues mehr zu
sagen wissen, dann mag die Zeit des Weltbürger=
tums gekommen sein.

Jene kleinen Volksgruppen, welche mit einem
eingebildeten Volksbewußtsein prunken, während
sie in Wirklichkeit mit ihrer Kultur auf den

Schultern andrer Völker stehen, sind hier nicht gemeint. Charakteristisch für eine Nation im eigentlichen Sinne ist, daß sie eine eigene Kultur= geschichte habe, welche bis auf die Gegenwart reicht und daß auch in der Gegenwart Männer aus ihrer Mitte hervorgehen, deren Dicht= und Denkweise eine so bedeutende ist, daß die Schätze, welche ihr Geist hervorbringt, nicht allein von den eigenen Volksgenossen, sondern auch von den Angehörigen andrer Völker heiß begehrt werden.

Da wird man nun aber behaupten wollen, die Juden haben ihre Berechtigung, eine eigene Nation zu bilden, verloren, da sie ihre Kultur denjenigen Völkern verdanken, unter denen sie leben. Das scheint aber nur so; in Wirklichkeit haben die Juden an geistigem Inhalt diesen Völkern wohl ebensoviel gegeben, als sie em= pfangen. Daß sie aber trotz ihrer Zerstreuung ein eigenes nationales Leben führen, muß Jedem einleuchten, der genauer zusieht. Die Juden sind heute nicht minder national, als sie es zu jener Zeit waren, da die Bibel geschrieben und gelebt wurde. Man lese in der Geschichte oder beobachte die Juden in den verschiedenen Ländern der Erde, überall wird man finden, daß sie seit der Zeit, da sie zerstreut leben, ihr Blut und ihre Eigenart rein erhielten und erhalten.

Man lese z. B. den Aufruf des „Einzel=

vereins Wien des Zion." (Verband der österreichischen Vereine für Kolonisaton in Palästina und Syrien). In diesem Aufruf spricht jede Zeile das Vollgefühl der nationalen Zusammengehörigkeit so deutlich und vernehmlich aus, daß sich Niemand darüber täuschen kann.

An dieser Stelle sei auch der Makkabäer-Feier Erwähnung gethan, welche vor kurzem\*) in Wien stattfand. Bei dieser Feier nahm, wie ich erfahren, Dr. Herzl das Wort, um für seine Idee Propaganda zu machen. Daß dieselbe unter den jüdischen Studenten Österreichs schon festen Boden gefaßt und Begeisterung hervorgerufen, dafür mag das „Bundeslied der Kadimah" zeugen, welches an jenem Abende gesungen wurde, und dessen Schlußvers ich zitiere:

> D'rum brich das Sklavenjoch entzwei,
> Zertritt den Hohn der Welten,
> Wach' auf, mein Volk, und mach' dich frei
> In deinen eignen Zelten!
> Genug an Schmach, genug an Leid!
> Erwach' zu neuem Leben!
> Noch blüht dir Glanz und Herrlichkeit,
> Die Freiheit sei dein Streben!

Solche Worte lassen wohl keinen Zweifel darüber, daß ihr Verfasser die gegenwärtige

---

\*) am 2. Dezember 1896.

Lage der Juden als jener ähnlich erachtet, welche den Makkabäern den Anlaß bot zu ihren heldenmütigen, siegreichen Kämpfen. Nicht minder klar lassen diese Worte erkennen, daß ihr Verfasser die Lösung der Judenfrage nicht anders erwartet, als in der Begründung des Nationalstaates.

## Die geographische Lage des Nationalstaates.

In seiner Schrift stellt es Herzl als ziemlich gleichgiltig hin, ob ein Teil von Argentinien oder Palästina den Boden für den Staat der Juden bilden solle. Er geht hier offenbar von dem Grundsatze aus, daß, wenn überhaupt der Gedanke, einen jüdischen Nationalstaat zu bilden, lebensfähig sei, dieser Staat sich überall auf der Erde bilden könne, wo kulturfähiger Boden bestehe; pflegt man doch zu sagen: „Der Mittelpunkt der Erde ist überall." Hier spricht aber die Statistik ein gewichtiges Wort. Dieselbe zeigt uns, wie oben ausgeführt, daß es die Juden Europas sind, welche den neuen Staat bilden werden. Zu einer Wanderung nach einem von Europa fernen Lande werden sich daher die Wenigsten entschließen können. An ein Gebiet in Europa selbst ist nicht zu denken, wohl aber an ein solches, welches Europa nahe genug liegt, daß die Ansiedler des neuen Staates mit Europa in enger Fühlung bleiben können.

Mir schien bisher als das geeignetste Stück Land der südwestliche Teil von Kleinasien, etwa die alten Provinzen: Mysien, Lydien, Carien, Lykien, u. s. w. Aus mancherlei Gründen: 1) ist das Gebiet Europa näher, als das bereits vielgenannte Palästina; 2) liegt es für Schifffahrt, Handel und Verkehr günstiger, als jenes Land; 3) würde es für die ganze gebildete Welt von unberechenbarem Werte sein, wenn dieser altklassische Boden wieder einem Volke zufiele, welches Bildung und Fortschritt auf seine Fahne geschrieben. Wer je in diesen Ländern als Forscher gearbeitet hat, der weiß, wie unendlich schwierig dort die Arbeit sich gestaltet, infolge der Unwissenheit, Apathie und Bildungsfeindlichkeit der dortigen Bewohner. Diese Schwierigkeiten bestehen selbst für diejenigen, welche mit kaiserlich türkischer Vollmacht in der Hand an die Arbeit gehen. Dazu kommt noch die jetzige Unwirtlichkeit der ganzen Gegend. Es steht aber außer Zweifel, daß es für die Kunst-, Altertums- und Sprachforschung, wie auch für manche andre Wissenszweige hier noch reiche Gebiete zu erschließen giebt, welche uns dahin bringen würden, daß die einstige reiche Blüte dieser Gebiete vor unserm geistigen Auge

wieder erstehe. Und was ein solches Aufleben
und sich Einleben in eine ehemalige Kultur
bedeutet, dafür bietet das Zeitalter der Re=
naissance ein sprechendes Beispiel.

Nun scheint es aber, daß diejenigen unter
den Juden, welche den Nationalstaat herbeisehnen,
an kein andres Land denken, als an Palästina
und angrenzende Teile von Syrien. In seinen
Vorträgen, welche er in London hielt, spricht
Herzl selbst nur mehr von Palästina. Öde genug
sieht es freilich auch dort gegenwärtig noch aus,
wie in ganz Kleinasien. "Wo der Türke haust,
da wächst kein Gras," sagte mir einmal sehr be=
zeichnend ein bekannter Orientreisender. Allein
die klimatischen Verhältnisse sind dieselben ge=
blieben, wie ehedem, und durch eifrige, aus=
dauernde Bodenbearbeitung können jene Distrikte
ebenso blühend oder vielmehr noch blühender
werden, als sie es je waren. Wenn für ergiebige
Weiden gesorgt wird und emsige Imker auf einen
reichen Bienenstand Bedacht nehmen, so kann
in nicht gar ferner Zeit Palästina wieder das
Land werden, wo Milch und Honig fließt.

## Die Organisation des neuen Staates.

Über die Art und Weise, wie die Bildung des neuen Staates vor sich gehen könne und solle, spricht sich Herzl in seiner Schrift eingehend aus; deutlich allerdings nur für denjenigen, der diese Schrift nicht wie eine Unterhaltungslektüre nur durchfliegt, sondern der den Ausführungen des Autors mit Ernst und Eifer zu folgen bestrebt ist. Es leuchtet ein, daß ein förmlicher Exodus, etwa ähnlich dem in der Bibel beschriebenen Auszug aus Egypten, undenkbar ist. Jeglicher Zwang ist ausgeschlossen, sowohl von christlicher, als auch von jüdischer Seite; das würde mit unsern heutigen Begriffen von Achtung und Wahrung der persönlichen Freiheit und Rechte unvereinbar sein. Die reichen Juden, wie auch diejenigen des Mittelstandes, werden voraussichtlich auf den Plätzen bleiben, welche sie heute einnehmen. Was sollten diese auch in einem Lande, in welchem, vorderhand wenigstens, keine eleganten Unterhaltungen, ja auch die dem Mittelstande gewohnte Bequemlichkeit fehlt. Verwöhnte Menschen würden sich, wie ihre Vorväter in der Wüste nach den Fleischtöpfen Egyptens, nach den Bequemlichkeiten, welche ihnen das frühere Leben bot, zurücksehnen. Das

Menschenmaterial für die Bevölkerung des neuen
Staates werden, vielleicht noch für längere Zeit,
wie es in den Kolonien schon begonnen, vor=
nehmlich solche arme Juden bilden, welche durch
die Übersiedelung eine Verbesserung ihres Schick=
sals erwarten. Und das wird auch viel ersprieß=
licher für das neue Gemeinwesen sein, als wenn
es anders wäre. Solche Menschen braucht man,
um einen Staat aufzubauen, welcher nach den
modernen, geläuterten Anschauungen von Recht,
Freiheit und Wohlfahrt sich bilden soll. Diesen
Armen und Elenden, deren es Hunderttausende
in den vier von Juden am dichtesten bevölkerten
Staaten giebt, werden sich zunächst diejenigen
intelligenten Juden anschließen, welche in ihrer
jetzigen Heimat eine ihren Fähigkeiten ent=
sprechende Beschäftigung nicht finden können;
jene kenntnisreichen und strebsamen Männer
werden die Führer sein, den Beamten= und
Lehrerstand bilden. Von der bemittelten Klasse
dürfte erst das heranwachsende, vielleicht gar das
noch ungeborene Geschlecht nachrücken. Bei einer
Wandlung von solcher Tragweite kommen ein
oder zwei Menschenalter nicht erheblich in Be=
tracht. Eines aber ist immer wohl zu beherzigen,
nicht Ansiedlung in Ländern, welche fremder
Botmäßigkeit unterstehen, muß die Parole heißen,
sondern Erwerbung eines für alle Juden des

Erdballs ausreichenden Stück Landes, zum freien, uneingeschränkten Besitze dieser Nation.

Die sprichwörtlich gewordene Phrase von dem notwendigen Sauerteig, den die Juden in den verschiedenen Ländern bilden, wird schon dadurch widerlegt, daß England, Frankreich, Italien etc. zu ihrer jetzigen Höhe gelangt sind, ohne daß man von einer wesentlichen Mithilfe der Juden bei Schaffung ihrer Kultur sprechen könnte. Daß dem in deutschen Landen anders sei, daß hier die Juden bedeutenden Anteil am Werden und Gedeihen des Kulturlebens hatten und haben, wurde schon besprochen; dessen wird sich auch der ehrliche Deutsche stets dankbar bewußt bleiben. Auch wenn der jüdische Nationalstaat besteht, wird es trotzdem in allen Ländern der Erde Juden geben, ebenso wie es heute überall Deutsche giebt. Allein dann stehen die Juden ganz anders da, dann haben sie von keinen Anfeindungen mehr etwas zu befürchten; sie haben ihr eigenes Vaterland, welches, gleich andern Staaten, seinen in der Fremde weilenden Angehörigen ausgiebigen Schutz angedeihen lassen kann und wird.

## Allgemeine Betrachtungen.

Man gestatte mir, einige Betrachtungen wiederzugeben über mannigfache segensreiche Folgen, welche die Bildung des jüdischen Nationalstaates nach sich ziehen könnte, und zwar nicht allein für die Juden selbst, sondern auch für die andern Völker.

Dieser neue Staat wird schon bei seiner Begründung über reiche Mittel verfügen; er wird infolgedessen Alles aufbieten, um in Handel und Wandel so rasch als möglich auf die Höhe der andern Kulturstaaten zu gelangen. Er wird die Aufforstung energisch betreiben, Straßen, Schiffahrtskanäle und Eisenbahnen bauen; er wird aber auch Sorge tragen, daß letzteren nach Westen und Osten der Anschluß nicht fehle; es werden sohin in kurzer Zeit Schienenstränge Europa mit Persien, Arabien und Indien verbinden. Der neue Staat wird ein Bindeglied werden im Verkehre zwischen Europa und Asien.

Wenn Herzl sagt: „Wir haben die Kraft, einen Musterstaat zu bilden, wir haben alle menschlichen und sachlichen Mittel, die dazu nötig sind," so ist er mit dieser seiner Behauptung vollkommen im Recht. Der Staat der Juden wird nicht die goldene Aera schaffen, in der Alle

glücklich werden müssen, er wird kein Schlaraffen=
land sein, es wird auch dort an äußeren und
inneren Kämpfen ebenso wenig fehlen, wie über=
all, aber er wird vermöge dessen, daß seine künf=
tigen Leiter einen ganz besonders hohen Grad
von wirtschaftlichem und politischem Scharfblick
besitzen, von vorneherein viele Wohlfahrtsein=
richtungen treffen, deren Einführung in den Eu=
ropäischen Staaten nicht vorwärts gehen will.
Er wird vielen wirtschaftlichen Krankheiten, an
welchen heute alle Kulturstaaten leiden, der eine
mehr, der andere weniger, durch seine Organi=
sation von vorneherein vorbeugen können. Er
wird weder den Kollektivismus haben noch be=
wirken können, daß es nicht mehr Hoch und
Nieder, Reiche und Arme gebe; aber er kann es
dahin bringen, daß der Hochgestellte nicht um
seines Ranges, der Reiche nicht um seines Reich=
tums willen geachtet werde, sondern daß beide
nur in soweit geschätzt werden, als sie bestrebt
sind, ihren Einfluß und ihre Mittel, über welche
sie verfügen, in den Dienst der geistigen und
materiellen Wohlfahrt ihrer Mitbürger zu stellen.

In keinem Staate wird der Kampf um den
Ausgleich der wirtschaftlichen Gegensätze, in Ver=
bindung mit dem Kampfe um die idealen Güter
des Volkes, mit gleichem Ernst und gleicher
Gründlichkeit geführt, wie im Deutschen Reiche.

Es ist aber nicht von ungefähr, daß gerade Juden es sind, welche an diesem Kampfe der Geister hervorragenden Anteil hatten und haben, und diese tüchtigen, von Selbstlosigkeit erfüllten Männer werden den neuen Staat zu organisieren berufen sein.

Man spricht vom Morgenland und vom Abendland. Es fehlt uns noch das Mittagland, das Land in dem hell die Sonne scheint, in dem Orient und Occident sich die goldenen Finger reichen, in dem die Menschen die mittelalterlichen Schlacken des Klassen= und Kastengeistes abstreifen und sich wahrhaft frei bewegen, zu immer besserer und tieferer Erkenntnis ihres Berufes als Menschen aufstreben, dies Land könnte der Staat des jüdischen Volkes werden. Wie es einst in göttlichen Dingen zum Lehrer der Menschheit geworden, so könnte das Volk der Juden durch das Beispiel, welches es in der Ausbildung seines nationalen Gemeinwesens geben wird, in weltlichen Dingen der Menschheit ein Lehrer und Führer werden.

Die 6 Millionen Juden, welche Mitteleuropa bewohnen, also wie wir gesehen, etwa ⁴/₅ aller Juden des Erdreichs, haben entweder die deutsche Sprache als Umgangssprache oder sind doch zum weitaus größten Teile der deutschen Sprache mächtig und, soweit sie überhaupt höherer Bildung zugänglich), ziehen sie ihre geistige Nahrung aus der deutschen Kultur. Es ist somit naheliegend, daß auch in dem zukünftigen jüdischen Nationalstaate das deutsche Element vorherrschen, sowie daß ein starker Wechselverkehr zwischen dem neuen Staat und den Landen mit vorwiegend deutscher Kultur platzgreifen wird. Die feindlichen Brüder von heute werden, durch gleiche Sprache und Kultur auf einander angewiesen, räumlich getrennt, die besten Freunde werden. Der deutsche Genius wird sich auf friedlichem Wege ein Stück Orient erobern. Wie es einst ein heiliges römisches Reich deutscher Nation gab, so wird der neue Staat ein deutscher Kultur geweihtes Reich, jüdischer Nation sein.

Auf dem weiten Felde der Wissenschaft giebt es kein Gebiet, in dem nicht Juden mit ihren christlichen Mitbürgern um die Palme ringen. Wir haben es indessen schon betont, daß es jüdischen Gelehrten schwer und schwerer gemacht wird, die ihrem Wissen gebührende Stellung im öffentlichen Leben zu bekleiden. Wie mancher unter ihnen, der die Schwingen seines Geistes entfalten möchte, dem es aber beschränkte Vermögensverhältnisse nicht gestatten, als Privatgelehrter zu leben, sieht sich genötigt, die Flügel sinken zu lassen, um trocknes Brotstudium zu treiben oder gar einen andern Erwerbszweig zu wählen. Wer, frage ich nun, würde, zumal unter

den jüngeren jüdischen Gelehrten, nicht mit
Freuden dem Rufe folgen, welchen die Universität
eines freien jüdischen Staates an ihn ergehen
ließe, allwo er, unbehindert von erkünsteltem
Rassenhaß, seiner Wissenschaft leben könne?

Eine eigentümliche Erscheinung ist es, daß
die Juden, ob sie es gleich sonst auf allen Gebieten
geistigen Schaffens mit den Angehörigen der
andern Kulturvölker aufnehmen können, in den
bildenden Künsten, mit geringen Ausnahmen, bis
jetzt es zu keiner hervorragenden Bedeutung
brachten. Mir scheint die Ursache darin zu liegen,
daß es den Juden an der innigen Berührung
mit der Natur fehlte. Es ist keineswegs nur so
von ungefähr, daß gerade solche Künstler, welche
unmittelbar oder mittelbar aus der ländlichen
Bevölkerung hervorgingen, Werke schaffen, die so
recht zum Herzen sprechen. Ackerbau und Forst=
wirtschaft, alle und jegliche Arbeit, welche sie
mit unsrer Mutter Erde, mit dem reichen und
wechselvollen Leben in der Natur in stetem Verkehr
erhielte, war den Juden während ihrer Zer=
streuung versagt. Jetzt wird es ja sichtbar anders.
Schon sehen wir in Palästina und Syrien eine
mutige und fleißige Schaar von jüdischen Acker=
bürgern am Werke. Wird erst die Landnahme
zur Wahrheit, ein reges Leben sich entwickeln,
das Heimatsgefühl, die Liebe zu dem Boden,

welchem man mit saurem Schweiße seine Früchte abgerungen, tiefe Wurzeln gefaßt haben, dann kann es wohl geschehen, daß dieser oder jener, welchem ein reiches Empfindungsleben innewohnt, dem Drange folge, die Bilder, welche seine Seele im Innern erschaut, zur Ausgestaltung zu bringen. So mögen denn auch diesem Volke der bildenden Künstler von Gottes Gnaden mehr erstehen.

Wie es bei allen Völkern der Fall war, dürften auch die Juden, bei Schaffung ihrer nationalen Kunst, zunächst nach religiösen Motiven greifen und welch' unerschöpflich reiche Quelle bietet ihnen die heilige Schrift! Ob auch christliche Künstler meisterhafte und erhabene Werke der Malerei und Plastik nach Motiven des alten Testaments schufen, dieselben tragen meist den Stempel der christlichen Auffassung. Die Juden, bei denen die alttestamentarischen Vorstellungen sich erhalten haben, werden ihren Kunstgebilden das aus ihrer Tradition ihnen überkommene Gepräge verleihen. Von der Freude an der nationalen Selbstständigkeit getragen, werden die jüdischen Künstler eine eigenartige, nationale Kunstrichtung schaffen.

Auch ihre Dichtkunst wird eigene Wege gehen. So lange die Juden in Europa die Verachteten waren, so lange die Verfolgungen und Bedrückungen, denen sie ausgesetzt waren und noch

sind, ihre Zornesader schwellen machten, konnte
eine nationale Dichtkunst sich bei ihnen kaum
entwickeln. Kunst im höheren Sinne können nur
solche Menschen üben, welche sich im eigenen
Innern und ihren Mitmenschen gegenüber völlig
frei fühlen. Das ist heutzutage bei den Juden
nur ausnahmsweise der Fall; ob sie auch die
bürgerliche Freiheit und gesellschaftliche Gleich=
stellung genießen, in den geheimen Falten ihrer
Seele zittern noch die Nachwirkungen der
Schrecknisse, welche ihre Väter erlebten und üben
jenen Druck auf ihr Gemüt aus, der sie zur
Schwermut geneigt macht. Ist einmal das Volk
der Juden zur nationalen Selbstbestimmung ge=
langt, dann wird in poetisch angelegten Gemütern
die Erinnerung an alle überstandenen Leiden sich
abklären und aus den abgeklärten Empfindungen
werden, von der Sonne der Freiheit erleuchtet
und erwärmt, die schönsten Blüten der Dichtkunst
sprießen. Dichter und Künstler werden das voll=
enden, was ihre weisen Mitbürger auf wirtschaft=
lichem Gebiete begonnen. Religion und Wissen=
schaft, Poesie und Kunst, in diesem Accord offen=
bart sich für uns Menschen die Harmonie, welche
die Welten zusammenhält; diese vier sind es,
welche einem Volke denjenigen inneren Gehalt ver=
leihen, dessen es bedarf, um sich als ein Ganzes
unter den anderen Kulturvölkern zu fühlen.

Noch mancherlei weitergehende Betrachtungen ließen sich hier anknüpfen; ich würde jedoch den Vorwurf auf mich laden, mich zu weit auf Gebiete zu begeben, zu deren Erreichung die substantielle Voraussetzung derzeit noch fehlt. Wenn ich überhaupt mit diesem Ausblick in eine unbekannte Zukunft mich befaßte, so geschah es, weil ich es für gut halte, daß man bei Behandlung einer Frage von solcher Bedeutung sich nicht mit trockenen wirtschaftlichen Erörterungen begnüge, sondern den Blick auch auf andere, höhere Dinge lenke.

## Einwendungen und Bedenken.

Von manchen Seiten werden die Bestrebungen, einen jüdischen Nationalstaat zu bilden, so gedeutet, als ob darin ein Gefühl der Schwäche sich kundgebe, ein Zurückweichen vor dem Antisemitismus. Wer so urteilt, geht zu wenig in die Tiefe. Wie schon angedeutet wurde, ist dem Antisemitismus an und für sich, dem Herauskehren des Rassenunterschiedes, dem pharisäischen sich in die Brust werfen, weil man etwas Besseres sei, als der Andere, keine besondere Bedeutung beizumessen, geschweige denn eine solche, welche geeignet sei, den Juden Furcht einzuflößen. Man möchte vielmehr sagen, daß er etwas Gutes geschaffen, indem er den Juden, welche sehen wollen, die Augen öffnete über die ihrem Volke in seiner Gesammtheit innewohnende nationale Kraft, und daß er darüber hinaus sie zu der Erkenntnis führte, daß diese Kraft vollkommen ausreiche, um den Schritt zur Gründung eines eigenen Staatswesens zu wagen und damit den fast 2000 Jahre alten Bann zu brechen.

Der Antisemitismus ist nicht selbst eine Macht, wird es niemals sein; er ist vielmehr ein Auflehnen gegen eine Macht. Diese Macht war vor hundert, ja vor fünfzig Jahren noch nicht vorhanden, daher auch ein Antisemitismus nicht aufkommen konnte. Vor hundert, selbst fünfzig Jahren wäre es auch noch nicht am Platze gewesen, die Bildung eines nationalen jüdischen Staates in ernstliche Erwägung zu ziehen. Hundert Jahre hat es gebraucht, bis die Juden von den Fesseln sich entwöhnten, welche der Irrwahn der Völker ihnen allerwegen angelegt hatte, und welche das Jahrhundert der Aufklärung zerbrach.

Es dürfte sich gar bald herausstellen, wer die Zeichen der Zeit besser zu deuten weiß, ob es diejenigen sind, welche, hüben und drüben, eifrig bestrebt sind, eine Verschmelzung der Juden mit den Völkern, unter welchen sie wohnen, herbeizuführen, oder ob es die Männer wie Herzl sind, welche kühn die Lösung dessen befürworten, was sich nicht binden will, nicht binden kann.

Man sagt wohl, so gut wie den Juden, müßte in Konsequenz allen Stämmen, welche unter dem Druck einer numerisch überlegenen Bevölkerung leiden, die nationale Selbstständigkeit geschaffen werden. Was bedeuten aber alle diese Stämme, welche man als Beispiel heranzieht, gegen das Volk der Juden, mit seiner Jahrtausende alten Geschichte; welches von jenen Völkern hätte wohl ein gleiches Anrecht an die nationale Selbstständigkeit sich erworben, wie dies Volk, dessen Kraft unter allem Druck und bei allen Leiden wuchs und wächst? Lassen wir an dieser Stelle Grillparzer sprechen:\*)

„Wir andern sind von heut', sie aber reichen
Bis an der Schöpfung Wiege, wo die Gottheit
Noch Menschen gleich im Paradiese ging,
Wo Cherubim zu Gast bei Patriarchen,
Und Richter war und Recht der ein'ge Gott.

———

So Christ, als Muselmann führt seinen Stammbaum
Hinauf zu diesem Volk als ält'stem, erstem,
So daß sie uns bezweifeln, wir nicht sie."

Unter der christlichen Bevölkerung giebt es gar manche wohlmeinende Menschen, welche für die Bildung des jüdischen Nationalstaates sind,

\*) Die Jüdin von Toledo. 2. Akt 2. Scene.

es aber nicht wagen, ihre Ansicht öffentlich zu bekennen, aus Besorgnis, man möchte sie, die Freunde der Juden, für deren Gegner ansehen. Eine solche Besorgnis hat nur insolange einen Schein von Berechtigung, als man selbst der irrigen Meinung ist, die Staatsbildung sei für die Juden ein Herabdrücken auf ein tieferes Niveau. Sobald man sich aber darüber klar wird, daß die Staatsbildung für die Juden ein Aufsteigen zu höherer Entwicklung ihres Volks= tums bedeute, müssen derartige Besorgnisse schwinden.

Unter den Juden selbst hört man Stimmen, welche darauf hinweisen, daß ihr Volk, infolge seines stark ausgeprägten Individualismus und der aus demselben entspringenden Eigenwilligkeit, in ein eigenes staatliches Gemeinwesen schwer sich schicken werde. Um derartigen Bedenken entgegen= zutreten, sei betont, daß die Menschen sich stets so geben, wie es die Verhältnisse, erfordern, unter welchen sie leben. Die Juden aber lebten und leben, ihrer Mehrzahl nach, in stetem Kampfe gegen die ihnen feindselige christliche Bevölkerung und es ist, wenn anders sie sich in diesem Kampfe behaupten wollen, eine Naturnotwendigkeit für sie, mit allen Mitteln den eigenen Willen hervor= zukehren; es liegt darin, man möchte sagen, das ideale Bestreben nach Potenzierung des eigenen

Ichs, um es gegen die entgegenstehende feindliche Überzahl widerstandsfähiger zu machen. Insolange die Juden, für die Erhaltung ihres Volkstums kämpfend, unter den andern Völkern leben, ist nach dieser Richtung keine Änderung zu erwarten. Wenn aber diese Art eines, die gesunde Entwicklung ihres Volkstums hemmenden Kampfes aufhören wird, die Juden im eigenen Staate leben, so wird auch jene Eigentümlichkeit aufhören, nachdem die Vorbedingung zu derselben aus dem Wege geräumt ist.

Man hört wohl, und zwar von Juden selbst, aussprechen, ihr „Feuergeist" lasse sie als wenig geeignet erscheinen, im eigenen Staatswesen miteinander friedlich zu leben. Ich denke, der Geist der Franzosen und Italiener sprühe nicht weniger Feuer als jener der Juden; es steht aber fest, daß bei den genannten Völkern ihr Feuergeist kein Hindernis bei ihrer nationalen Einigung und Entwicklung bildete. So ein Feuergeist ist im Leben eines Staates nur dann von Nachteil, wenn diejenigen, welche ihn besitzen, von zentrifugalen Bestrebungen erfüllt sind, wenn sie nicht von ganzem Herzen ihr Feuer auf dem Altar des Vaterlandes brennen lassen.

Bei den Juden ist dergleichen nicht zu befürchten. Ein Volk, welches durch zwei Jahrtausende in Druck und Unfreiheit gelebt und durch alle tausendfältigen Leiden hindurch die Sehnsucht nach nationaler Selbstständigkeit sich bewahrte, ein solches Volk wird, zu seiner Selbstbestimmung gelangt, durch Nichts und Niemanden in der kräftigen und zielbewußten Entwicklung seiner nationalen Blüte sich beirren lassen; ihm wird bei diesen Bestrebungen sein Feuergeist nur zu statten kommen.

Wir wollen noch einen Punkt berühren, der hier in Frage kommen mag, ob er gleich an und für sich mit der Judenfrage in keiner unmittelbaren Berührung stehe. Man hört nicht selten die Ansicht aussprechen, daß es nicht ratsam sei, unsere Kultur, welche degenerierend wirke, nach dem Osten zu tragen, weil dadurch das zu gewärtigende Schicksal derselben, nämlich ihre Vernichtung durch die Unkultur der in Urwüchsigkeit dahinlebenden Völker des Ostens heraufbeschworen werden könne. Diese Furcht vor der Degenerierung beruht auf einem Trugschluß; sie ist ein Gespenst, welches derjenige, den es plagt, ehethunlichst mit andern Gespenstern dorthin versetzen möge, wohin es gehört, in die Rumpelkammer. Unsere Kultur hat beides gezeitigt, die Mittel um Körper und Geist zu üben, zu stärken und in steter Frische zu erhalten, sowie auch jene Mittel, welche geeignet sind, uns der Verweichlichung in die Arme zu treiben. Es liegt aber lediglich in unserm freien Willen, nach welchen Mitteln wir greifen wollen. Trägheit des Geistes und des Körpers drängen uns gar leicht darnach, all den tausend Bequemlichkeiten uns hinzugeben, welche das moderne Leben bietet, allein wenn wir es thun, so tragen die Schuld nicht diese Dinge, welche ja etwas unpersönliches sind, sondern nur wir selbst. Es hat übrigens den Anschein, als ob das heranwachsende Geschlecht sich dessen wohl bewußt sei und freudig nach den Mitteln greife, welche aufwärts, zur gesunden Entwicklung von Körper und Geist führen. Wer an dem sieghaften Wesen unsrer Kultur zweifelt, dem wollen wir nur zwei Männer, statt vieler, vor Augen halten, Friedtjof Nansen und seinen Begleiter. Eine Kultur, aus welcher solche Männer hervorgehen, kann nicht im Zeichen des Verfalls stehen. Die Thaten solcher Männer rufen es vielmehr in alle Welt hinaus, daß es unsrer Kultur bestimmt sei, den Erdball zu erobern und dessen Völker zu führen. Freilich auf dem glatten Parquettboden unserer eleganten parfümierten Salons, mit ihren noch glatteren Konversationen wird man solchen Männern nicht allzuhäufig begegnen.

## Schlußwort.

Ein an Licht und Schatten reiches Gemälde, ein Drama voll Leben und Bewegung, so erscheint das Schicksal des jüdischen Volkes in Europa während der verflossenen 19 Jahrhunderte. Und aus seiner Mitte tritt in Herzl ein Mann auf, welcher den Weg zeigt, auf welchem dieses Drama einer würdigen Entwicklung entgegengehen könne. Er ermahnt sein Volk zur rechten Zeit, daß es die geistigen und materiellen Mittel, über welche es in reichem Maße verfügt, zusammenfasse, um das zu erstreben, was durch all die Jahrhunderte das Ziel seiner Hoffnungen war, die nationale Freiheit und Selbstständigkeit. Auf welche Weise soll nun aber das Volk der Juden in den Besitz des Landes gelangen, welches ihm zum Wohnsitz diene? Diese Frage kann heute nicht mit Bestimmtheit beantwortet werden. An einen Eroberungszug wird Niemand denken; doch dürfte die Unmöglichkeit nicht ausgeschlossen sein, daß das Türkische Reich, in welchem das zu erwerbende Gebiet gelegen ist, sich bereit finden würde, dasselbe gegen einen angemessenen Kaufpreis abzutreten. Abgesehen von dem materiellen Vorteil, welchen dieser Handel jenem Reiche brächte, würde es ihm in hohem Maße zum Segen gereichen, wenn inmitten seiner Provinzen sich ein Staat bildet, welcher auf moderner Kultur basiert. Der neue Staat würde über seine Grenzen hinaus sanierend wirken; er würde durch das eigene Beispiel wesentlich dazu beitragen, daß in den weiten Grenzen jenes Reiches, auf dessen Gebiet er entstanden, Ruhe, Ordnung, Bildung und Gesittung einkehren, zu deren Herbeiführung jenem Reiche vielleicht nicht der Wille, wohl aber die Thatkraft fehlt.

Kaum jemals dürfte die allgemeine Lage einem Schritte, wie ihn Herzl vorschlägt, günstiger gewesen sein als heute; es dürfte aber zweifelhaft sein, ob diese günstige Lage sich noch lange Zeit behaupten werde. Wem immer es einleuchtet, er sei Jude oder nicht, daß Herzl's Pläne ausführbar und ihre Ausführung erwünscht, der trete in Wort und That für dieselbe ein; dann mag es bald dahin kommen, daß dem Volke der Juden zu Teil werde, was ihm seine aufrichtigen Freunde von Herzen wünschen werden, was im Laufe dieses Jahrhunderts Deutsche, Italiener, Griechen, Rumänen, Serben und Bulgaren erreichten: die nationale Wiedergeburt im Einheitsstaate.

Als in den ersten Jahrzehnten dieses Jahrhunderts die Griechen sich erhoben, um das Joch der Fremdherrschaft abzuschütteln, welches ihre nationale Entwicklung beengte, da regte sich in den Angehörigen aller Staaten Europas werkthätige Sympathie für den Unabhängigkeitsdrang jenes Volkes. Diese Sympathie galt den Trägern des alten Namens, in welcher wir die Quelle unsrer Blüthe in Kunst und Wissenschaft erblicken. Sollte ein Gleiches nicht auch den Juden gegenüber platzgreifen können? Verdienen nicht sie, aus ähnlichen Ursachen, die Sympathie der Völker, sie, deren Ahnen jene Offenbarungen empfingen, welche auch den Bekennern des christlichen Glaubens zur Quelle des Heils wurden?

Im Entwicklungsprozeß alles organischen Lebens ist das vorhandene Maß an Kraft, welche dem Organismus innewohnt, ausschlaggebend; der bethätigten Kraft aber gesellen sich gern die äußeren Umstände als günstig, das erwachende Leben fördernd. Nicht anders verhält es sich beim Entwicklungsprozeß desjenigen Organismus, als welchen eine in sich abgeschlossene Volksgattung sich darstellt; so waren es bei dem Einigungsprozesse der obgenannten Völker Ereignisse von weltgeschichtlicher Bedeutung, welche der von ihnen an den Tag gelegten Energie zu Hilfe kamen. Wenn die Juden das kühne, große Werk beginnen, wenn sie ihre gesammte geistige und physische Kraft in den Dienst der glorreichen

Aufgabe stellen, ihren Einheitsstaat zu schaffen, dann werden auch sie der werkthätigen Unterstützung aller derjenigen ihrer Mitmenschen gewiß sein, welche für Freiheit, Fortschritt und Volkswohl sich erwärmen und begeistern.

Falls es Palästina sein wird, welches die Juden von neuem zu ihrem Wohnsitze wählen, dann werden sie freilich in Einem Punkte den vollberechtigten Ansprüchen der gesammten Christenheit Rechnung tragen müssen; dieser Eine Punkt betrifft die den Christen heiligen Stätten. Hierüber hat sich Dr. Herzl bereits geäußert; zwar nicht in seiner Schrift: „der Judenstaat", wohl aber in verschiedenen seiner Vorträge. Er betonte, daß im Falle der Erwerbung von Palästina durch die Juden, jene heiligen Stätten als exterritorial erklärt und deren Besitz den religiösen Gemeinschaften, welche sie gegenwärtig innehaben, garantiert werden müßte.

Berlin. — Lewent'sche Buchdruckerei.